Willi wills wissen

?

Der Autor

Nils Kahlefendt, geboren 1962, studierte Germanistik, Geschichte und Pädagogik in Leipzig, wo er auch heute noch lebt. Seit 12 Jahren arbeitet er als freier Autor und Journalist für Hörfunk, Tageszeitungen und Zeitschriften.

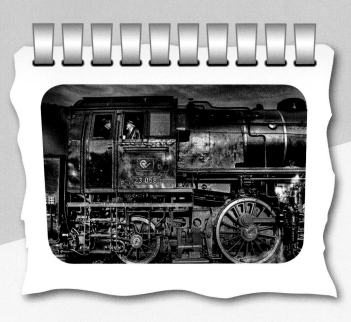

Bildquellennachweis:

Baumhaus Verlag/ Massimo Fiorito: S. 7, 11m, 13u, 15m, 16u, 22m, 27u, 28m, 30o, 45 · Bahn im Bild/ Deutsche Bahn AG: S. 2, 3, 6, 9, 12u, 14, 17o, 18u, 19o, 21, 24u, 25 – 26, 27o,31u, 33, 34o, 36, 38mr, 39r, 40, 41ol, 42 · Bildmaschine: S. 38u · Corbis: S. 11o, 15o, 19ur, 28o, 29o, 34u, 39or, 39 om, 39u · ddp: S. 28u, 30u, 41m, 43 · Gettyimages: S. 29u, 35 ul, 35 um, 35u · Codula Giese: S. 20o · Sven Köhler: S. 32ur · Ralf Greiner: S. 4m · mecom/ becker&bredel: S. 2ul, 37ur · mecom/ keystone: S. 37or · picture alliance/ dpa: S. 18l, 19m, 20u, 22o, 22u, 24o, 32u, 35 ul, 37m, 37u, 44o · Fotofinder: S. 17u · Gaby Waldek: S. 4o, 37o · Wikipedia: S. 12o

Umschlagfoto: megaherz gmbh

Vielen Dank an Willi Weitzel für die freundliche Unterstützung

© 2007 Baumhaus Verlag, Frankfurt am Main
Konzept, Layout und Illustrationen: Götz Rohloff, Peter Schönwandt
Bildredaktion: Susanne Reininger
Textredaktion: Uwe Kauss, Susanne Reininger
Lizenz durch TELEPOOL

© 2007 megaherz für den Bayerischen Rundfunk
Alle Rechte vorbehalten
ISBN 978-3-8339-2710-2
Gesamtverzeichnis schickt gern:
Baumhaus Verlag GmbH
Juliusstraße 12
60487 Frankfurt am Main

Nils Kahlefendt

Willi
wills
wissen

Ich versteh' nur
Bahnhof!

BAUMHAUS
VERLAG

Das Wort Bahnhof wurde seit den 1830er Jahren als Bezeichnung für einen „Halteplatz der Eisenbahnzüge" benutzt. Es ist dem Wort „Posthof" nachgebildet – das war der Halteplatz für Postkutschen, vor der Erfindung der Eisenbahn das schnellste Verkehrsmittel.

Alles nach Fahrplan

Jetzt ist mir doch der Bus direkt vor der Nase weggefahren! Kein Wunder: Ich bin mal wieder viel zu spät von zu Hause losgegangen. Was nun? Eine Straßenbahn gibt's hier nicht und mein Fahrrad ist platt. He, aber da vorne ist ein Taxi, das rufe ich schnell: „Hallo Taxiiiiii!!!" – „Ja mei, Willi, was schreist denn so?", fragt Taxifahrer Schorsch, „wo willst denn so eilig hin? Ne alte Frau ist doch kein D-Zug!" – „Eine alte Frau? Du machst Witze,

Schorsch", antworte ich. „Aber mal im Ernst: Ich will heute möglichst alles über Züge erfahren. Und deshalb möchte ich jetzt zügig ..." – „Schon klar, Willi", grinst Schorsch, „ich weiß schon, wo du hin willst: zum Münchner Hauptbahnhof. Wird gemacht, aber erst anschnallen!" Na prima, da läuft ja alles nach Fahrplan: Der schnelle Schorsch düst mit mir

ins Stadtzentrum und lässt mich direkt vor dem riesigen Bahnhofseingang raus. Und schon bin ich drin. Hui, ganz schön groß, der Bahnhof. Und so viele Menschen! 350.000 sind hier jeden Tag unterwegs – das sind so viele, wie in einer Großstadt leben, Omas und Opas und alle Babys mitgezählt. Die meisten haben's auch ganz

Willkommen im Bahnhof!

Der Name Eisenbahn kommt von ihrem Fahrweg, den eisernen Schienen – und nicht vom Metall, aus dem Waggons und Lok bestehen.

schön eilig. Ups, das war knapp, der dicke Mann hier wäre mir mit seinem riesigen Rollkoffer beinahe über die Füße gesaust! Der will wahrscheinlich genauso verreisen wie ich. Die Familie dort hinten am Bahnsteig hat keine Koffer dabei, die holt wahrscheinlich

Freunde oder Verwandte ab. Der Mann da auf der Bank, der mit dem Buch, wartet bestimmt auf seinen Zug. Ganz schön langweilig! Dann schon lieber ein bisschen durch die Bahnhofshalle bummeln, mit den vielen Geschäften und Cafés ist das ja wie in einem großen Einkaufszentrum. Laut ist es, wie in einem

Schwimmbad im Sommer. Alle reden durcheinander. Die drei Jungs mit den großen Rucksäcken neben mir sogar auf Englisch. Und jetzt noch eine Lautsprecherdurchsage: „Meine Damen und Herren, willkommen am Münchner Hauptbahnhof. Ganz besonders begrüßen wir ..." Mist, jetzt quietscht dieser Zug da drüben so laut, dass mir die Ohren abfallen! Also, ich versteh' nur Bahnhof!

Manchmal versteht man nur Bahnhof

Es gibt viele Redewendungen, die mit Zug und Abfahrt zusammenhängen: Wer sich ärgert, der muss mal *Dampf ablassen*. Politiker behaupten, dass sie die *Weichen stellen* für die Zukunft – jedenfalls so lange, bis für sie mal wieder der *Zug abgefahren* ist. *Ich versteh' nur Bahnhof*: Nicht richtig, überhaupt nichts verstehen. Das stammt aus dem Ersten Weltkrieg. Die Soldaten, die nach Hause fahren wollten, hatten nur den nächsten Bahnhof im Sinn, wollten über nichts anderes mehr reden, nichts mehr hören und verstehen.

Ab zum Schalter

Bis nach China mit der Bahn!

Jetzt aber zügig zum Fahrkartenschalter! Denn wenn ich schon am Bahnhof bin, will ich natürlich auch Zug fahren. Reisezentrum steht hier auf dem Schild – na bitte, da bin ich doch richtig. Eine ganz schön lange Warteschlange hier! An welchem Schalter es wohl am schnellsten geht? Vielleicht am Expressschalter? Express – das klingt ziemlich schnell. Ui, bin ich schon dran? „Ich ... ja, ich will mit dem Zug verreisen ...", stottere ich. „Hmmm, sehr schön. Aber wohin denn?", fragt der Mann hinter der Glasscheibe. – „Äh, das hab

ich mir noch gar nicht überlegt. Wie weit kann man eigentlich vom Münchner Hauptbahnhof in die Welt rausfahren?", will

Wie lange gibt es schon Fahrkarten ?

Die Fahrkarte gehörte von Anfang an zum Eisenbahnfahren. Schon 1837 erfand der Engländer Thomas Edmondson die gedruckte Fahrkarte. Ihr Preis hing davon ab, wie komfortabel man reisen wollte, denn früher gab es vier Wagenklassen – von der gepolsterten ersten bis zur „Holzklasse". Hier musste man auf harten Bänken sitzen.

ich wissen. Der Fahrkartenverkäufer schmunzelt: „Bis China kann man mit der Bahn schon fahren. Ich zeig's dir mal auf meiner Karte:

Du könntest nach Moskau fahren, das liegt in Russland. Und von Moskau aus mit der Transsibirischen Eisenbahn nach Wladiwostok am Japanischen Meer – das ist die längste durchgehende Eisenbahnstrecke der Welt, 9.288 Kilometer! Dazu würdest du sieben Tage und Nächte brauchen. Und von dort aus geht's weiter nach Schanghai", zählt der Kartenmann auf. Ja, Wahnsinn!

Einmal quer durch Deutschland

Und wenn ich in Deutschland bleiben möchte? Wie groß ist

Bahnfahrkarte von 1856 für die Strecke Dresden – Plauen in der Dritten Klasse, der „Holzklasse".

Im Reisezentrum gibt es Fahrkarten- automaten oder -schalter, an denen man Tickets kaufen kann.

ReiseZentrum DB

denn unser Streckennetz? Das weiß der nette Kartenverkäufer sogar auch: Wenn man alle Schienen des deutschen Eisenbahnnetzes aneinanderlegen würde, ergäbe das eine Länge von ungefähr 40.000 Kilometern. Das würde ausreichen, um einmal die Welt zu umrunden! „Ach, ich möchte eigentlich nur mal Zug fahren. Also, nicht Bummelzug, sondern mit 'nem Schnellzug – am besten mit einem ICE." „Wie wär's denn dann mit einer Fahrt nach ... hmm... Berlin?", schlägt der Kartenmann vor. Hey, das klingt gut, das mach ich! „Prima, und wie alt bist du?", will er wissen. „Ich? Ähemm... siebzehn?" Der Fahrkartenverkäufer grinst und ich werde rot wie eine reife Tomate – da hab ich nämlich geschwindelt. „Also, einmal nach Berlin für Erwachsene ...", brummelt er – und zurück will ich natürlich auch wieder. Während mein Fahrschein ausgedruckt wird, tippt mir von hinten jemand auf die Schulter: „Hier ist der Expressschalter", grummelt der Mann, „hier wird

Fahrkarten sind ja sooo lecker!

nicht so lange geschwatzt!". Mit seinem Aktenkoffer baut er sich ungeduldig hinter mir auf – bestimmt ein ganz wichtiger Manager, der es wohl richtig eilig hat. Na gut, jetzt weiß ich ja Bescheid: Wenn ich das nächste Mal verreise, gehe ich zum Fahrkartenautomaten. Und jetzt – ab zum Zug!

Hier ist eine alte Fahrkartenzange zu sehen. Damit hat der Schaffner früher die Karten entwertet, indem er ein Loch hineinknipste.

Und wo ist jetzt mein Zug?

Uschi weiß, wo's langgeht

Hier in der Bahnhofshalle wimmelt's ja nur so von Zügen: Den ICE erkenne ich gleich an seiner windschnittigen Schnauze mit der weißen Lackierung und den roten Streifen. Aber hier stehen, hoppla – drei, vier, fünf von denen. Und da hinten kommt noch einer herein! 240 Fernzüge – so werden Züge bezeichnet, deren Fahrziele mehr als 100 Kilometer weit entfernt sind – fahren hier täglich ein und aus. Dazu kommen über 500 Züge des Nahverkehrs, die auf kürzeren Stecken unterwegs sind und die Leute zur Arbeit bringen. 18 Bahnsteige hat der Münchner Hauptbahnhof und jeder davon hat zwei Gleise. Macht, ähmmm Moment, 36 Gleise!

Wer es ganz eilig hat, der kann seine Zugverbindung auch schon zu Hause am Computer ermitteln und sogar eine Fahrkarte ausdrucken. Im Internet gibt es unter www.bahn.de genaue Auskunft über Abfahrtszeiten, Fahrstrecke und Preis.

www.bahn.de

Wie kriege ich jetzt nur raus, wo mein Zug nach Berlin abfährt? Am besten, ich geh mal zu dem Büdchen da vorne mit der Aufschrift „ServicePoint". Da stehen Leute mit Gepäck am Schalter und fragen offenbar irgendetwas. Ob ich von der netten Frau mit dem roten Hut eine Auskunft kriege? „Uschi" und ein Nachname steht auf ihrem Schildchen.

„Hallo Uschi, ich bin Willi, und ich will wissen, wo mein Zug nach Berlin abfährt. Kannst du mir da helfen?" „Grüß dich, Willi. Der ICE nach Berlin fährt 9 Uhr 44 auf Gleis 15. Gleich da drüben. Hier oben an der großen Abfahrtstafel über deinem Kopf steht's auch!", sagt sie freundlich. Hm, eins zu null für Uschi, hätte ich ja auch selber sehen können. Aber was macht sie dann an ihrem Service-Punkt? Immer mit dem Finger nach oben zeigen?

Auf dem Fahrplan, im Bahnhof und auch im Zug siehst du jede Menge Zeichen, die dir sagen, was du wo findest. Diese Zeichen heißen Piktogramme und sind auf der ganzen Welt verständlich.

Man kann etwas zu essen oder zu trinken kaufen.

Arme Uschi. „Nein Willi, ganz so langweilig ist es nicht. Ich helfe den Reisenden, sich hier auf dem Bahnhof zurechtzu-finden – und natürlich bei der Suche nach einer passenden Bahnverbindung. Manche Leute wollen in ganz entfernte kleine Städte und müssen ein paar Mal umsteigen. So ein Zugfahrplan mit seinen Zeichen und Buchstaben wirkt ja auf den ersten Blick ganz schön verwirrend. Ich schaue dann hier in mein Kursbuch und suche die schnellste Verbindung heraus. Mit dem Computer hier geht's natürlich noch schneller."

Mit Durchblick!

Wenn man das erste Mal vor einem Zugfahrplan steht, kommt man sich vor wie ein Geheimagent, der eine rätselhafte Botschaft entziffern muss. Aber wer die Abkürzungen und Zeichen kennt, für den wird das Bahnfahren kinderleicht.

Zug-Bezeichnungen im Fernverkehr ...

ICE: **InterCityExpress – fährt jede Stunde in große Städte und Ballungsgebiete.**

IC/EC: **InterCity/EuroCity – fährt im 1- oder 2-Stunden-Takt zwischen vielen großen Städten und in touristische Regionen. Der EC fährt auch in andere Länder Europas.**

... und im Nahverkehr

IRE: **InterRegioExpress – verbindet temporeich den Fern- und Nahverkehr.**

RE: **RegionalExpress – verbindet die Regionen mit dem Fernverkehr und der S-Bahn.**

RB: **RegionalBahn – hält in der Regel an allen Stationen.**

...diesem ...y gibt es ...ntags eine ...derregelung.

Das ist ein Nachtzug mit Betten.

Man kann Fahrräder mitnehmen.

Diese Züge fahren werktags, also von Montag bis Samstag.

Wenn du am Bahnsteig neben einem wartenden Fernzug entlangläufst, wirst du merken: Der ist ziemlich lang! Länger als ein Zug von 13 Blauwalen hintereinander. So ein Wal kann bis zu 30 Meter lang werden – das ergäbe also eine Strecke von fast 400 Metern. Ziemlich blöd, wenn du mit schwerem Gepäck unterwegs bist und merkst, dass der Wagen, in dem du deinen Platz reserviert hast, genau am anderen Ende ist.

Am Wagenstandsanzeiger kannst du dich informieren, in welchem Abschnitt des Bahnsteigs dein Wagen hält.

Riesen als Wegweiser

Von Uschi von der Bahnauskunft erfahre ich, dass sie und ihre Kollegen, die mit den leuchtend roten Mützen, mehrere Sprachen beherrschen müssen. Denn viele Touristen kommen ja aus fremden Ländern zu uns. Und immer freundlich bleiben – hui, das ist schwer! Manchmal trösten sie auch einfach ein Kind, das im Getümmel Mama und Papa verloren hat – und suchen die Eltern per Lautsprecherdurchsage. „Sag mal, Uschi, die großen roten Aufstellfiguren, die hier herumstehen. Sind das auch

welche von euch?" Uschi lacht: „Das sind unsere ‚Bahnhofs-Riesen', die haben eine wichtige Aufgabe: Schon von Weitem sichtbar, zeigen sie den Reisenden den Weg zum nächsten Fahrplan – der befindet sich nämlich direkt auf ihrem Bauch! – Aber Willi, herrje, du musst dich jetzt wirklich beeilen. Dein Zug fährt gleich ein! Komm, ich bring dich noch rasch hin", bietet mir Uschi an. Am Gleis

15 zeigt sie auf eine Tafel über unseren Köpfen: „Das ist der Zugzielanzeiger, der sagt dir, ob du hier wirklich richtig bist." 9 Uhr 44, ICE 880 nach Berlin Hauptbahnhof – stimmt! Ist ja mächtig was los hier. Will denn heute ganz München nach Berlin fahren? Eine Schulklasse, eine Bergsteigergruppe mit riesigen Rucksäcken, Geschäftsleute mit Aktenkoffern – und da drüben, ein Liebespaar. Die küssen sich!

Abschnitt
A, B, C, D oder E?

Wahrscheinlich müssen sie sich jetzt verabschieden und nur einer fährt mit. Ich stell' mich am besten hier vor die Bergsteiger, dann bin ich schneller drin im Zug und kriege einen Sitzplatz!

He, wer zupft mich denn hier am Ärmel? Uschi? „Vorsicht Willi, nicht zu dicht an die Bahnsteigkante! Schön hinter dem Warnstrich vor der Kante bleiben!" Klar, das hätte ich mir ja denken können: Wenn einer stolpert, damit er nicht auf die Gleise purzelt, denn

das wäre ja lebensgefährlich! Aber auch wegen der Sogwirkung. Denn jetzt fährt schon der ICE ein. Mann, quietschen die Bremsen! Hey, so was Blödes! Jetzt kommt

der Zug so zum Stehen, dass ich genau zwischen zwei Wagentüren stehe. Da komme ich ja als Letzter in den Zug!

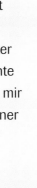

Achtung, Sog!

Züge fahren relativ langsam in den Bahnhof ein – aber immer noch schnell genug, dass ein gefährlicher Sog entstehen kann. Genauer: ein Luftzug, der den Luftdruck zwischen dem Zug und dem Bahnsteig mindern kann. Wegen solcher Luftzüge ist es gefährlich, sich allzu nahe bei den Gleisen oder direkt an der Bahnsteigkante aufzuhalten. Passt man dabei nicht auf, kann man von der nachströmenden Luft an den Zug gedrückt werden – so etwas nennt man „Sog". Damit der einen nicht erwischt, bleibt man besser immer hinter dem dicken Warnstrich, der entlang der Bahnsteigkante gezogen ist.

Hey, willst du nicht mitfahren?

Der richtige Sitzplatz: In jedem Zug gibt es viele Wagen mit verschiedenen Abteilen und Sitzplätzen, die auf die Bedürfnisse der Fahrgäste abgestimmt sind. Wenn man Glück hat, findet man einen Platz, ohne reserviert zu haben.

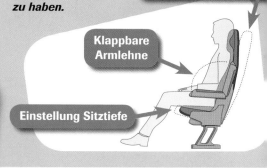

Rückenlehnenneigung

Klappbare Armlehne

Einstellung Sitztiefe

Willkommen an Bord!

So, jetzt aber zack-zack, rein ins Abteil, sonst ist der Zug für mich abgefahren! Die Bergsteiger mit ihren blöden Riesenrucksäcken! Da ist einfach kein Vorbeikommen. Aber, Moment mal – da steht ja noch einer auf dem Bahnsteig. Er hat auch so eine rote Mütze auf, wie die Uschi, aber am Ärmel seiner blauen Uniform drei rote Streifen. Dem mache ich gleich mal Dampf: „Hey, willst du nicht mitfahren? Viertel vor zehn, höchste

Eisenbahn!" Hoppla, das ist ja der Zugchef! Martin heißt er und er macht das „Schlusslicht": Er muss sich nämlich vergewissern, dass alle Reisenden eingestiegen sind. „Erst dann gebe ich mit meiner Kelle hier das Signal zur Abfahrt. Wir Eisenbahner sagen ‚Befehlsstab' dazu", erklärt er mir.

„Achtung, die Türen schließen automatisch. Also, Kopf rein, Willi, wir sehen

uns!", ruft er mir vom Türchen ganz vorn in der spitzen Schnauze des ICE zu. Dann suche ich mir jetzt mal einen schönen Platz – am besten da drüben am Fenster, da sitzt keiner. Aber über dem Sitz leuchtet so eine komische rote Anzeige: Nürnberg–Berlin? Das bedeutet, dass jemand diesen Platz reserviert hat und in Nürnberg einsteigen wird, verrät mir Martin später. So eine Reservierung kann man gleich machen, wenn

„Alle Türen zu, alle Passagiere drin!": Hier gibt Zugführerin Katrin Rachholz mit der grün-weißen Zugbegleitermeldescheibe das Signal zur Abfahrt eines Zuges.

Rollstuhlstellplatz

Mutter-Kind-Abteil

Nichtraucherwagen

Schwerbehindertenplatz

man einen Fahrschein kauft. Na ja, das nächste Mal. Über der Oma mit dem Filzhütchen leuchtet nix und neben ihr ist nur eine Reisetasche. Die muss ja nicht sitzen, oder? „Ist hier noch frei, darf ich Ihre Tasche hochstellen?", frage ich erst mal höflich. Klar darf ich und wuchte ihr Gepäck auf die Ablage über unseren Sitzen. So, jetzt mach ich mir's gemütlich. „Liebe Fahrgäste, wir begrüßen Sie herzlich an Bord des ICE ..." Hey, der Lautsprecher, das ist doch der Martin! Was sagt er? Er wünscht uns eine angenehme Fahrt. An Bord?! Klingt ja lustig: Wie in einem Flugzeug oder auf einem Schiff! Ahoi, Martin, die Reise kann losgehen!

✦ Wenn der Sandmann kommt ...

Wer über Nacht unterwegs ist, kann mit einem Schlaf- oder Liegewagen reisen. Eine feine Sache, ausgeruht ans Ziel zu kommen! Der Schlafwagen wurde übrigens in den USA erfunden. Das ist kein Zufall, denn das Land ist riesig. Deutschland passt fast 26-mal in die USA! Die Menschen waren damals oft tagelang unterwegs. 1857 baute der gelernte Möbeltischler George Mortimer Pullman einen Personenwagen zu einem bequemeren Wagen mit Schlafplätzen um. Deshalb hieß der Schlafwagen auch lange Zeit Pullman-Wagen. In Europa fuhr der erste Schlafwagen 1872 auf der Strecke Paris-Wien.

Wer lässt den Zug abfahren?

Beim ICE schließt der Zugchef per Knopfdruck die Türen. Nur seine und die der Zugbegleiter bleiben noch offen. Jeder überprüft in seinem Abschnitt, ob alle Türen geschlossen und die Trittstufen eingefahren sind. Wenn alles in Ordnung ist, melden sie das dem Zugchef mit der Zugbegleitermeldescheibe. Aber hallo, das ist ja ein Schlangenwort: Zug-be-glei-ter-mel-de-schei-be – mit acht Silben und 24 Buchstaben, das muss ich mir merken! Der Zugchef gibt mit seiner Trillerpfeife einen kurzen Pfiff ab. Erst dann rollt der Zug los.

Wo ist bloß mein Fahrschein?

Ticket aus dem Mini-Computer

„Guten Tag, die Fahrscheine zur Kontrolle, bitte!" – „Ich bin Willi, hallo!" – „Na, du bist aber nett! Grüß dich, ich heiße Monika. Zeigst du mir mal deinen Fahrschein, Willi?" Ich hab's schon erraten: „Du bist die Schaffnerin, stimmt's?" – „Genau. Aber das heißt bei uns Zugbegleiterin." Aha, Monika und Martin, ihr Chef, sind sozusagen unser Begleitservice. Und mit ihren Zangen wollen sie mir jetzt wahrscheinlich den schönen Fahrschein zwacken. Aber warum stempeln sie den Fahrschein und machen zusätzlich noch ein Loch rein? Ist doch doppelt gemoppelt? Das hat seinen Grund, verrät Monika: „Weißt du, Willi, man könnte ja sonst einfach den Aufdruck wegrubbeln und mit der Karte ein zweites Mal fahren. Es sind ja nicht alle so ehrlich wie du!" Da hat sie recht, die Monika. Aber was hat sie da für ein komisches, piependes Teil in der Hand? Sieht ja aus wie eine Mini-Supermarktkasse. „Das ist ein mobiles Terminal. Fahrgäste, die es nicht geschafft haben, am Bahnhof eine Fahrkarte zu kaufen, können das auch bei mir im Zug tun. Das Gerät druckt dann eine Fahrkarte aus. Das kostet aber Aufschlag." Ganz ohne Karte fahren, also Schwarzfahren, ist aber noch viel teurer – und macht eine Menge Ärger, erfahre ich. Na, nur gut, dass ich meine Fahrkarte schon habe. Da kauf ich mir für den Aufschlag lieber ein Eis. Aber vielleicht kann

Wenn du auf deinem Platz sitzt, mal schnell zur Toilette musst oder ins Bordrestaurant futtern gehst – deine Fahrkarte solltest du immer dabeihaben. Denn im Fernzug wird mehrmals kontrolliert.

Jemand zugestiegen? Handy zur Kontrolle, bitte ...

Reisende können ihre Fahrscheine auch per Handy kaufen. Und so geht's: Per kostenloser MMS bekommt man einen Barcode zugeschickt. Der ersetzt die Fahrkarte aus Papier. Der Zugbegleiter scannt Barcode, gewählte Strecke und Name des Fahrgasts von dessen Handy-Anzeige ein. Nun muss man seinen Ausweis oder die Kreditkarte vorzeigen und so beweisen, dass die Angaben echt sind.

ich Monika vorher ein Stück durch den Zug begleiten – und auch mal knipsen? „Wenn du magst, kannst du die Zange haben. Und ich schau zu", schlägt sie vor.

Achtung, Durchsage

Eines würde ich Monika und Martin noch gerne fragen: Die Durchsagen im Zug ... ob ich da vielleicht auch mal so eine machen darf? „Klar, da machen wir mal eine Ausnahme für dich. Komm doch gleich mit in unser Dienstabteil!" Und schon lege ich los: „Meine Damen und Herren, hier spricht ihr Zugchef. Na, eigentlich spricht

der Willi. In Kürze erreichen wir Nürnberg Hauptbahnhof. Dort werden Sie alle Anschlusszüge bekommen. Und

ich werd mir das Bahnmuseum anschauen. Tschüs und einen wunderschönen Tag noch!"

4592050741528???

Hast du dich auch schon mal gefragt, was die lange Zahlenreihe bedeutet, die vom Zugbegleiter auf die Fahrkarte gedruckt wird?

4592	**Das ist die Nummer des Zangendruckers.**
05.07.	**Die Fahrkarte wurde am 5. Juli entwertet.**
41	**Aus dieser Dienststelle stammt der Zugbegleiter.**
528	**Das ist die Nummer des Zuges. Hier handelt es sich um den InterCity 528, der täglich um 12.15 Uhr in Mainz abfährt.**

Fahrgäste, die vor der Fahrt keine Fahrkarte gekauft haben, können das auch im Zug nachholen. Sie nennen dem Zugbegleiter einfach ihr Reiseziel. Er sucht die beste Verbindung aus dem Kursbuch und druckt mit seinem Mini-Computer die passende Fahrkarte aus. Die Karte im Zug ist allerdings gleich ein paar Euro teurer als am Schalter.

Volldampf voraus!

Züge zum Anfassen

Ich dachte immer, Museen – da gibt's nur Sachen in Vitrinen zu sehen, mit ellenlangen Schrifttafeln. Und wenn man mal was anfassen will, kommt gleich die Aufsicht. Aber hier im Nürnberger Bahnmuseum stehen lauter tolle Lokomotiven und Eisenbahnwagen! Da vorn, den riesigen ICE-Triebwagen kenn ich ja schon – aber, hoppla!

Der ist ja aus Holz! Huch, jetzt kommt doch die Aufsicht! Hab ich was falsch gemacht? „Ach wo, Willi, willkommen im DB-Museum. Ich bin Stefan. Wenn du magst, zeige dir unsere Schätze. Dieser große Triebwagen hier ist ein 1:1-Modell aus der Entwicklungsphase des ICE", erklärt mir Stefan. Nun deutet er auf die Lok daneben: „Das ist ein originalgetreuer Nachbau des ‚Adler', der ersten Dampflokomotive, die in Deutschland gefahren ist. Das war am 7. Dezember 1835. Der ‚Adler' dampfte damals von Nürnberg nach Fürth. Das waren zwar nur sechs Kilometer, aber damit begann das große Jahrhundert der Eisenbahn."

Von München nach Berlin in fünf Tagen

Vor ihrer Erfindung konnte man ja nur zu Fuß, zu Pferd oder mit einer rumpelnden Postkutsche reisen. In der Postkutsche bist du von München nach

Dampfloks hatten bis zu 8000 PS und waren bis 200 km/h schnell.

Vom Adler zum ICE

Egal, ob Dampflok, E-Lok oder Diesellok – eine Lokomotive, so steht es im Lexikon, ist ein „Fahrzeug auf Schienen zum Ziehen der Eisenbahnwagen". Das stimmt heute so immer noch. Trotzdem hat sich in über 170 Jahren Bahn-Geschichte wahnsinnig viel verändert: Kluge Techniker haben immer schnellere und sicherere Lokomotiven und Züge erfunden.

Alt und neu: Der ICE III und der „Adler" im Bahnmuseum in Nürnberg.

Eines der schönsten Ausstellungsstücke: Der Salonwagen des bayerischen Königs Ludwig II.

Berlin ganze fünf Tage durchgeschüttelt worden! Dann wurden im Eiltempo in ganz Deutschland Bahnstrecken zwischen den großen Städten gebaut. Eine harte Arbeit! In wenigen Jahrzehnten entstand so ein großes Schienennetz mit ganz vielen Verzweigungen – wie bei einem riesigen Baum. Und die Menschen gingen daran, immer schnellere Lokomotiven zu erfinden, erfahre ich. In der Ausstellung sind 30 Fahrzeuge aus allen Etappen der Eisenbahngeschichte zu sehen. Super, bei einigen Lokomotiven darf ich sogar auf den Führerstand klettern! „Aber, sag mal, Stefan, wieso hat denn der blaue Wagen eine goldene Krone auf dem Dach? Wer ist denn damit gefahren?", will ich wissen. Und schon hat Stefan die Antwort parat: „Auch Könige und Kaiser reisten früher mit der Eisenbahn. Die hohen Herrschaften wollten natürlich auf keinen Komfort verzichten und ließen sich so genannte Hofzüge bauen, richtige Schlösser auf Rädern. Der hier gehörte dem bayerischen König Ludwig II. Sein Salonwagen hat sogar eine beheizbare Toilette!" Na ja, aber dahin ging dann selbst auch der König zu Fuß.

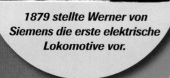

1879 stellte Werner von Siemens die erste elektrische Lokomotive vor.

Die 1938 gebaute Mallard 4468: mit 201 km/h die schnellste Dampflok der Welt.

Vorbild der meisten Hochgeschwindigkeitszüge ist der japanischen Shinkansen-Zug, der erstmals 1964 fuhr. „Shinkansen" heißt übersetzt „Neue Fernstrecke".

Uff, Weichenstellen mit der Hand ist ganz schön schwer: Ein Ungeübter muss sein ganzes Gewicht mit beiden Armen in die Hebel stemmen.

Im Stellwerk

Die prächtigsten Eisenbahnwagen und schnellsten Loks der letzten 150 Jahre habe ich mir angeschaut. Jetzt will ich wissen, was das größte Ausstellungsstück im Museum ist. Stefan überlegt einen Moment und lacht: „Komm mit, Willi, auf unserem Freigelände gibt's Ausstellungsobjekte in XXL-Übergröße!" Wir überqueren die Gleise hinter der Fahrzeughalle und Stefan zeigt auf ein zweistöckiges Haus mit spitzem Giebel. Ich versteh nur Bahnhof: „He, Stefan! Willst du mich veralbern – ein Haus? Wir sind

doch im Bahnmuseum! Stefan klärt mich auf: „Das ist ein altes Stellwerk vom Nürnberger Hauptbahnhof, lass uns mal reingehen!"

In einem Stellwerk werden die richtigen Weichen gestellt und die korrekten Signale gegeben, damit die vielen Züge auf den vielen Strecken nicht mal aus Versehen

zusammenstoßen oder sich gegenseitig im Weg sind. Denn der Fahrplan muss ja eingehalten werden.

Früher mussten noch jede Weiche und jedes Signal einzeln per Hand bedient werden. Eine ziemlich gefährliche Angelegenheit, die auch ewig gedauert hat! Schlaue Techniker kamen dann auf die Idee, die Weichen und Signale miteinander zu verbinden – und von einer zentralen Stelle aus zu schalten. Das war das Stellwerk. Jeder Bahnhof hatte so ein Haus, erzählt mir Stefan und legt richtig los: „Die ersten

Heute muss man nicht mehr zu jeder Weiche laufen und sie von Hand bedienen. Diese Arbeit wird am Schaltpult per Knopfdruck in einem computergesteuerten Stellwerk erledigt.

Fahrt frei!

Signale sind die Verkehrszeichen der Eisenbahn. Die Hauptsignale zeigen den Lokführern an, ob und wann sie weiterfahren dürfen. Ähnlich wie Verkehrsampeln funktionieren Lichtsignale in den Farben Rot (anhalten!), Gelb (langsam fahren!) und Grün (weiterfahren!). Ein Kilometer vor dem Hauptsignal muss der Lokführer an einem Vorsignal vorbei. Das zeigt, ob das Hauptsignal grün, gelb oder rot leuchtet. So weiß er, ob er freie Fahrt hat oder gleich anhalten muss. Das ist wichtig: Denn wenn ein Zug bremsen muss, dann hat er einen viel längeren Bremsweg als ein Auto: Ein Schnellzug, der mit 200 km/h über die Gleise braust, legt in einer Sekunde 55 Meter zurück! Er braucht bis zu 3.000 Meter, bis er zum Stehen kommt.

Stellwerke waren noch mit den großen Handhebeln und Drahtseilen ausgerüstet, die du hier siehst. Später entwickelte man elektrische und elektronische Apparate, die zuverlässiger und leichter zu bedienen waren." Und dann darf ich sogar selbst so einen Hebel umlegen! Puh, ganz schön schwer geht das! Aber warum kann ich die anderen Hebel jetzt nicht mehr bewegen? Sind die eingerostet? Stefan weiß es: "Das ist der Witz: Wenn du die Fahrstraße für einen Zug freigeschaltet hast, dann sind alle anderen Weichen und Signale blockiert, die auf diese Strecke führen. Dann kann dir kein anderer Zug auf dieser Strecke in die Quere kommen. Sonst würde es ja ordentlich krachen!"

Diese zwei Signalflügel zeigen schräg nach rechts aufwärts. Das heißt „Langsamfahrt" mit einer Geschwindigkeitsbeschränkung auf 40 km/h.

Bei Nacht gut zu erkennen: Ein grünes und senkrecht darunter ein gelbes Licht – das Signal „Langsamfahrt".

„Halt erwarten" bedeutet dieses Vorsignal, wenn die gelbe Scheibe nach oben zeigt.

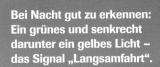

„PEPSI" hieß die strenge Sicherheitsformel, nach der sich die Weichensteller beinahe ein Jahrhundert gerichtet haben: Prüfen, Einstellen, Prüfen, Sichern. Erst dann durfte der Zug einrollen.

Einmal selbst eine Lok steuern – so wie es der Lokomotivführerlehrling Jim Knopf und sein großer Freund Lukas im Kinderbuch von Michael Ende tun: Im „Miniatur Wunderland Hamburg" können Bahnfans in vier riesigen Räumen Dutzende Modellbahnen sogar durch den Grand Canyon lenken.

Eisenbahner für einen Tag

Guck mal, das sind aber lustige Loks!

Am Ende unserer Tour hat Stefan noch eine besondere Überraschung für mich auf Lager: die Eisenbahn-Erlebniswelt. Hier kann man sogar selbst richtige Signale und Weichen stellen. Oder wie ein Schrankenwärter den Bahnübergang für die Besucher freigeben! Ich probiere die erste Elektrolokomotive der Welt aus, die wie eine Gartenbank auf Rädern aussieht, und lasse den Stromabnehmer eines ICE hoch- und runterfahren.

Die große Modellbahn im nächsten Raum finde ich echt riesig, hier würde ich mich gerne mal eine Nacht einschließen lassen! Aber hier rauscht es ganz schön, kein Wunder: Mehr als 30 Züge fahren gleichzeitig durch die Landschaft. Oh Mann, 80 Quadratmeter, so groß

Draisinen – Fahrräder auf Schienen – wurden früher zur Streckenkontrolle und zum Transport von Werkzeug benutzt. Heute können Besucher des Naturparks Nossentiner-Schwinzer Heide damit durch die Gegend strampeln. Bis 13 Uhr geht es in die eine Richtung, danach nur noch zurück, egal wie weit man gekommen ist.

Ich träum, ich wär Jim Knopf!

Die Bahn im Netz

Auf der Kinderwebsite der Deutschen Bahn AG gibt es jede Menge Infos, Spiele und Downloads zum Thema Bahn. Hier wird erklärt, wie ein Fahrkartenautomat funktioniert. Du kannst aber auch einen ICE steuern oder am Bildschirm einer Zugbegleiterin bei der Arbeit zuschauen. Du findest die Kinderseiten unter www.bahn.de/kids

wie manch eine Wohnung! Mit Häusern, Autos und hey: Vorne links parkt sogar ein UFO! Stefan steuert alle Züge von einem originalen „Gleisbildstelltisch": Besetzte Gleise leuchten rot, unbesetzte sind

nicht beleuchtet, eingestellte Fahrstraßen erscheinen weiß.

„So, Willi, und jetzt ab in den Fahrsimulator!", ruft Stefan mir zu. Schon ein tolles Gefühl, im Führerstand einer

E-Lok zu sitzen, Fahrschalter und Bremshebel in den Händen. Aber wieso bremst die Lok jetzt von allein, obwohl ich beschleunige? Oje, die Lokführerprüfung hätte ich jetzt wohl vermasselt! Aber wenn ich jetzt wieder in den ICE nach Berlin steige, lass ich mir alles noch mal in echt zeigen!

Das DB Museum Nürnberg

Zehn Gehminuten vom Nürnberger Hauptbahnhof entfernt befindet sich das DB Museum in der Lessingstraße 6 und hat Dienstag bis Sonntag von 9 bis 17 Uhr geöffnet. Wer nicht nach Nürnberg fahren kann: Auch in den Außenstellen des Museums in Halle/Saale und Koblenz kann man sich historische Eisenbahnfahrzeuge anschauen.

Ob am Fahrsimulator oder beim Dekorieren und Bauen von Streckennetzen im Miniformat: Im DB Museum in Nürnberg können kleine und große Eisenbahnfans stundenlang spielen.

Dieser Dschungel aus Masten und Stromkabeln befindet sich vor dem Frankfurter Hauptbahnhof. Über jedem einzelnen Gleis ist eine Starkstromleitung gespannt, die den Zug mit Strom versorgt.

Volle Fahrt voraus!

So, weiter geht's, Richtung Berlin. Diesmal steige ich gleich hinter der Lok ein. Und jetzt ganz nach vorn, bis es nicht mehr weitergeht. Einmal im ICE-Cockpit mitfahren – das wär's! Da hinter der Glasscheibe, im Sitz – das muss er sein, der Lokführer. Ziemlich streng schaut er aus. Ach ja: Er heißt übrigens Werner.

Ob ich ihn mal was frage? Ich klopfe einfach mal leise. „He Willi, eigentlich darf hier kein Fahrgast rein. Auch kein neugieriger Reporter! Als Lokführer muss ich mich enorm konzentrieren und darf mich nicht ablenken lassen", erklärt er mir. Für mich macht er aber mal eine Ausnahme. Echt nett von Werner! „Hock dich hier direkt neben mich. Und keinen Mucks!", ermahnt er mich.

Langsam verlässt unser Zug den Nürnberger Bahnhof. Nach ein paar Minuten beschleunigt Werner auf volle Geschwindigkeit. Die Landschaft saust am Fenster vorbei – das ist schon was anderes als im Simulator! „Werner, wie schnell ist denn der ICE?", will ich wissen. „He Willi! Wir hatten doch

ICE ist die Abkürzung für InterCity Express. Der erste ICE erreichte 1988 bei einer Testfahrt eine Geschwindigkeit von 406,9 km/h! Auf der Strecke fährt er aber nur bis zu 300 km/h. Mittlerweile gibt es neue Modelle: Den ICE 2, den ICE 3 und den ICE T. Beim ICE 1 und 2 befinden sich die Antriebsmotoren an der Spitze des Zuges, im Triebkopf – so nennt man die Lok, die fest mit dem Zug verbunden ist. Beim ICE 3 sind die Motoren unter den einzelnen Wagen verteilt. So ist noch mehr Platz für Reisende.

ICE 3

ICE 2

Hoppla, hier wird's gefährlich!

In der Oberleitung

fließt Strom mit einer Spannung von 15.000 Volt. Der große Bügel drunter heißt „Stromabnehmer". Er hat während der ganzen Fahrt einen dauernden Kontakt zur Oberleitung und leitet ihn in den Antrieb des Zuges. Wenn der Kontakt länger abreißt, bleibt der Zug stehen.

ausgemacht ... na ja, also der hier kann bis zu 300 km/h fahren", brummt Werner. „Waaahnsinn! Und wie machst du das – ICE fahren? Beim Auto gibt's ja Gas und Bremse" hake ich nach und auch Werner kommt richtig in Fahrt: „Na, so ähnlich ist das hier auch. Wenn ich den rechten Hebel zum Körper bewege, kann ich bremsen. Der linke Hebel ist der Fahrschalter. Je weiter ich ihn nach vorn schiebe, desto schneller fährt der Zug. Und jetzt pass mal auf ..." He, was ist das jetzt? Eine strenge Frauenstimme im Cockpit, die „SIFA" sagt! Schon wieder: SIFA..."! Hat der Werner hier noch eine Beifahrerin versteckt? „Nee, Willi, das ist die **SI**cherheits**FA**hrschaltung, die sich hier meldet", lacht er und erklärt: „Wir Eisenbahner

Achtung, Hochspannung!

Die Stromspannung in der Steckdose bei dir zu Hause hat 230 Volt. Das reicht für deinen PC oder die Stereoanlage. Für eine E-Lok ist das natürlich zu wenig: Sie fährt mit 15.000 Volt, die sie über die Oberleitung aufnimmt.

sagen dazu kurz SIFA. Ich muss während der Fahrt alle 30 Sekunden mein Fußpedal oder diesen Handschalter hier drücken. Mache ich das nicht, warnt mich die Stimme. Und wenn ich dann immer noch nicht reagiere, bremst der Zug automatisch und macht einen Nothalt." Aber was macht Werner, wenn er mal aufs Klo muss? Gibt's dann auch einen Nothalt? Auch das verrät er mir: „Da gibt's zwei Möglichkeiten.

Wenn's nicht so dringend ist, muss man bis zum nächsten regulären Halt warten. Und wenn's sehr eilt, dann gibt der Lokführer dem für diese Strecke zuständigen Fahrdienstleiter telefonisch Bescheid. Der gibt dann den Code ‚41' in den elektronischen Fahrplan ein. Das bedeutet ‚Toilettengang des Triebfahrzeugführers'." Das bedeutet, dass Werners Zug am nächsten Bahnhof einfach kurz anhält, damit er mal schnell aufs Stille Örtchen kann. Und die verlorene Zeit holt er dann auf der Strecke wieder ein.

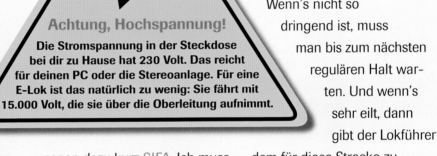

ICE 1

Formel 1 auf Schienen

Der Mensch kann bis zu 37 km/h schnell laufen.

Das schnellste Tier ist der Gepard. Mit ca. 80 km/h kann er schon fast auf einer Autobahn mithalten.

Mit fast 200 Sachen

Mit fast 200 Sachen kurvt unser Zug durch die Landschaft. Was passiert, wenn der Werner bei dem Affenzahn ein rotes Signal übersieht und einfach weiterfährt, statt anzuhalten? „Keine Angst, Willi, uns kann nichts passieren", beruhigt er mich. „Da passt die Indusi auf!" Hä, IN-DU-SIE?? Oder die SUSI?? Ich versteh mal wieder nur Bahnhof. Wer ist das jetzt schon wieder? Werner lacht und erklärt mir die Susi ganz genau: „INDUSI steht für INDUktive ZugSIcherung. An allen Signalen und an vielen Gefahrenstellen sind

Elektromagneten am Gleis angebracht. Fahre ich an so einer Stelle vorbei, muss ich meine Indusi-Wachsamkeitstaste drücken. Damit bestätige ich, dass ich das Signal gesehen habe. Mache ich das nicht, wird durch einen zweiten Magneten an der Lok eine elektrische Schaltung ausgelöst – und der Zug automatisch angehalten."

Werner erzählt mir auch noch, dass Züge, die wie unser ICE schneller als 160 km/h fahren,

alle wichtigen Informationen über Funk und Computer im Cockpit angezeigt bekommen. Dieses praktische System hat auch wieder einen komplizierten Namen – es heißt „Lineare ZugBeeinflussung", kurz LZB und überwacht den Zug nicht nur wie die Indusi an bestimmten Kontrollpunkten, sondern auf der ganzen Fahrstrecke. Werner kann auf einem Monitor auch ablesen, wie schnell er höchstens fahren darf, wie lang die Strecke bis zum nächsten Signal ist oder

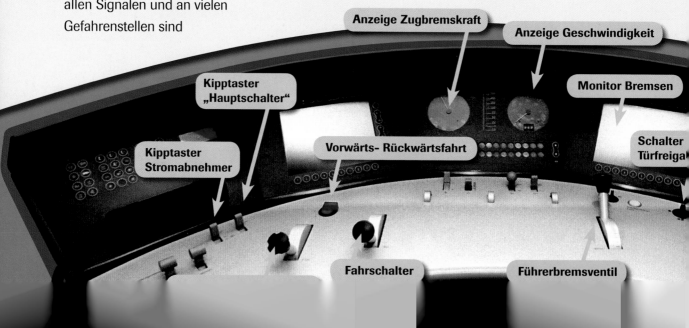

Anzeige Zugbremskraft

Anzeige Geschwindigkeit

Kipptaster „Hauptschalter"

Monitor Bremsen

Kipptaster Stromabnehmer

Vorwärts- Rückwärtsfahrt

Schalter Türfreiga[be]

Fahrschalter

Führerbremsventil

Wie schnell ist eigentlich schnell?

Flugzeuge sind natürlich noch viel schneller. Der A300 z.B. hat eine Reisegeschwindigkeit von über 900 km/h.

Der ICE fährt bis zu 300 km/h. Sein Rekord aber liegt bei über 400 km/h.

Ein Rennwagen der Formel 1 donnert mit rund 360 km/h über die Piste.

wie groß die Entfernung zu einem vorausfahrenden Zug ist. „Zugfahren", sagt Werner, „ist also nicht nur schneller als Autofahren, sondern auch sicherer: Stell dir mal vor, Willi, alle Raser auf der Autobahn würden automatisch von der Polizei abgebremst!". Ja, das wäre eine tolle Sache! Uff, jetzt schwirrt mir aber der Kopf von all den Abkürzungen: SIFA, INDUSI, LZB. Klasse, jetzt kann ich ja mit Stefan meine Lofüprü nachholen – die Lokführer-Prüfung. „Wie hast du dir eigentlich all die komplizierten Begriffe gemerkt?", frage ich den Werner – und der verrät mir

Kohle schippen ist echte Knochenarbeit! Denn anstelle von Strom wurden die Dampfloks mit Kohle angetrieben. Der Heizer musste dauernd schaufelweise Kohle in die riesige, heiße Brennkammer der Dampfmaschine schippen.

ein kleines Geheimnis: „Auf den ersten ICE-Fahrten hatte ich einen Spickzettel dabei. Das Wichtigste aber ist Ruhe und Gelassenheit. Und du musst

darauf Lust haben, ein Leben lang zu lernen. Ich habe auf der Dampflok angefangen, vor fast 50 Jahren. Erst als Heizer, dann als Lokführer. Kohle schippen, bei Wind und Wetter, die richtige Geschwindigkeit halten – das war harte Knochenarbeit! Dann kamen E- und Diesel-Lok. Heute nimmt mir die Bordtechnik vieles ab, mein Triebzug gehorcht mir auf Knopfdruck. Und doch ist es für mich der spannendste Beruf geblieben, den ich mir vorstellen kann."

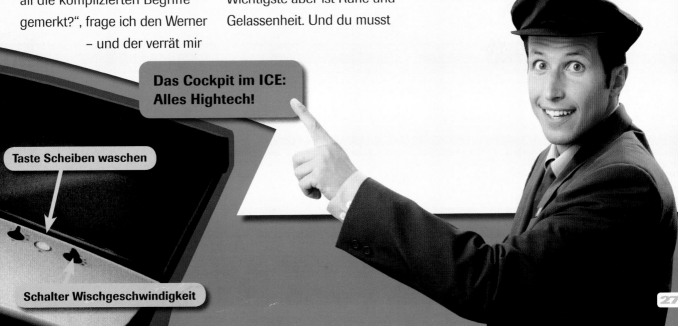

Das Cockpit im ICE: Alles Hightech!

Taste Scheiben waschen

Schalter Wischgeschwindigkeit

Kaufhaus mit Gleisanschluss

Inzwischen ist unser Zug in Leipzig angekommen und ich habe beschlossen, mich auf dem Bahnhof ein bisschen umzusehen. Wie auch in München hat jedes Gleis im Bahnhof ein Ende, an dem es nicht mehr weitergeht – wie in einer Sackgasse. Einen solchen Bahnhof nennt man „Kopfbahnhof". Will unser Zug nach Berlin weiterfahren, muss er also die Fahrtrichtung ändern, so als würde er rückwärts fahren. Früher war dazu noch ein Lokwechsel nötig, hat mir Werner erklärt. Ganz schön umständlich! Heute kann die Lokomotive von beiden Enden des Zuges aus gesteuert werden. Dazu braucht Werner nur in den Steuerwagen am Ende des Zugs umsteigen. Vier Minuten hat er dazu Zeit, da sag ich lieber ganz schnell „Tschüs!"

und schon bin ich mitten im Getümmel. Hier gibt's einfach alles! Aber wieso gibt's einen Blumenladen, Bäcker, Friseur, Bank, Reisebüro, Apotheke, Geschenke- und Modeboutiquen, sogar einen Supermarkt mitten im Bahnhof? Klar, die

Der Bahnhof Heringsdorf auf Usedom ist der kleinste Kopfbahnhof Deutschlands.

Absolut
rekordverdächtig

Der höchstgelegene Bahnhof der Welt ist Tanggula mit 5.068 Metern über dem Meeresspiegel. Er liegt an der Lhasa-Bahn in Tibet.

machen hier ein gutes Geschäft. Denn die vielen Reisenden wollen ganz oft noch schnell was kaufen und zahlen dafür dann auch mehr. Denn die Preise sind dort ganz schön hoch!

Ich stöbere durch die Bahnhofsbuchhandlung. „Internationale Presse" steht über dem Eingang und tatsächlich gibt's hier jede Menge Zeitschriften und Bücher auf Englisch, Französisch, Spanisch, Türkisch und anderen Fremdsprachen. „Bahnhöfe sind die Eingangstore zur Welt, Willi", sagt der Mann an der Kasse und überlegt: „Die ersten Bahnhöfe

lagen noch irgendwo am Stadtrand, aber als die Menschen immer mehr unterwegs sein mussten, hat man sie mitten rein die Städte gebaut." Das ist ja auch viel praktischer, finde ich und erfahre noch, dass berühmte Architekten immer tollere Bahnhöfe entworfen haben, groß und prächtig wie Kirchen – mit Vorplätzen, überdachtem Bahnsteigbereich und Empfangshallen. Ein richtiger Schönheitswettbewerb muss das gewesen sein! In die

Gebäude zogen neben Fahrkartenverkauf und Wartesälen bald auch Geschäfte, Zeitungshändler, Schuhputzer, Milchbars und sogar Kinos. Das Leipziger Bahnhofsrestaurant mit seinen prächtigen Sälen war damals sogar das beste Lokal der Stadt! Wer mal richtig vornehm ausgehen wollte, kam dorthin. So, jetzt muss ich aber endlich mal mein Buch bezahlen. He! Wo ist denn jetzt mein Rucksack mit der Geldbörse? Verflixt! Den muss ich bei Werner in der Lok liegen gelassen haben. Und nun?

Als Bahnhof mit den meisten Reisenden der Welt gilt der Bahnhof Shinjuku in Tokio. Dort pendeln täglich ein bis vier Millionen Menschen zu ihrem Arbeitsplatz. Sind die Züge zu voll, helfen Bahnbeamte mit weißen Handschuhen den Reisenden in den Zug, indem sie kräftig schieben.

Das Schließfach am Bahnhof ist eine praktische Sache: Hier kann man sein Gepäck für wenig Geld sicher einschließen, wenn man etwa umsteigen muss und die Wartezeit für einen Stadtbummel nutzen will. So muss man seine schweren Sachen nicht mitschleppen. Dieses Fach ist sogar so groß, dass ich reinpasse!

Wartesaal der verlorenen Dinge

Immer dem blauen Schild mit Schirm, Tasche und Fragezeichen hinterher! So hat es mir der nette Buchhändler gesagt. Und hier bin ich richtig – in der Fundstelle. „Hallo, ich heiße Willi. Ich bin Reporter – ein zerstreuter Reporter, um genau zu sein. Ich habe nämlich meinen Rucksack im ICE von Nürnberg nach Leipzig liegen lassen! Kannst du mir helfen?" „Grüß dich, Willi, ich bin Michaela, aber du kannst Micha zu mir sagen. Wie sieht er denn aus, dein Reporterrucksack?" „Blau, glaube

ich. Blau ist nämlich meine Lieblingsfarbe." – „Hmm, wir haben hier zwei blaue reinbekommen. Was ist denn bei dir drin?", fragt Micha. Ups, das ist mir jetzt fast ein bisschen peinlich. Moment: „Also, ein Portemonnaie, ein Handy, ein Notizbuch mit Stift, eine rote Baseballmütze und, äh ... ein angebissenes Brötchen. Das habe ich vorhin im Zug nicht mehr ganz geschafft." „Na, Willi, da hast du aber Glück gehabt. Dein Zug hatte hier in Leipzig Personalwechsel und der Zugchef Martin hat deinen Rucksack vorhin vorbeigebracht."

Scheinbar bin ich nicht der einzige Schusselkopf: Bei so vielen Menschen, die täglich kreuz und quer mit der Bahn durchs Land fahren, geht einiges verloren. Micha erzählt mir, dass im zentralen Fundbüro der Bahn in Wuppertal auf drei Etagen jede Menge Fundsachen auf ihre Besitzer warten. Aber woher weiß Micha, dass jemand wirklich was verloren hat oder sich nur was erschwindeln will? Meldet sich jemand, muss er sich ausweisen und seine verlorenen Sachen ganz genau beschreiben. Meldet sich niemand, werden die Fundstücke nach einer

Bloß nichts auf dem Bahnsteig vergessen!

Ein „herrenloser Koffer" auf dem Bahnsteig – das bedeutet höchste Alarmstufe für die Polizei! Schließlich könnte darin eine Bombe versteckt sein. Die Polizisten sperren den ganzen Bahnsteig, Spezialisten untersuchen den Koffer; manchmal wird er sogar gesprengt. Für den vergesslichen Besitzer ist das eine ganz schön peinliche Angelegenheit. Deshalb: Niemals Gepäck einfach stehen lassen!

Und wo ist jetzt mein Rucksack?

Hilfe, mein Rucksack ist weg!

Wenn du im Zug oder am Bahnhof etwas verloren hast, kannst du direkt bei der Fundstelle oder über die Fundservice-Hotline 0180 599 0 599 den Verlust melden. Alles, was an einem Bahnhof abgegeben wurde, wird dort eine Woche lang aufgehoben.

Wichtig ist, dass du den vermissten Gegenstand möglichst genau beschreiben kannst – und dazu, wann und wo er verloren ging. Mit diesen Angaben kannst du einen Nachforschungsantrag stellen. Das Formular bekommst du am Service-Point oder im Reisezentrum Deines Bahnhofs – oder als Download im Internet.

Immerhin die Hälfte aller Fundsachen findet so ihre Besitzer wieder.

Einmal nicht hingeguckt, und schon sind die Eltern oder Freunde einfach weg. Mist, was nun? Auf jeden Fall erst mal ruhig bleiben, auch wenn's voll am Bahnsteig ist. Hast du ein Handy, um die Eltern anzurufen? Wenn nein, gehe am besten zu einem Mitarbeiter der Bahn, er wird dir ganz sicher helfen, deine Eltern wiederzufinden.

bestimmten Zeit versteigert – nicht nur Koffer und Taschen samt Inhalt, sondern auch Dinge wie ein alter Totenkopf, ein Radio, Orden, Musikinstrumente oder ein Hochzeitskleid. Na, vielleicht hat sich's die Braut ja noch mal anders überlegt! Und was passiert, wenn jemand seinen Hund oder Goldhamster im Zug vergisst? „Tiere müssen wir sofort ins Tierheim schicken. Und wenn wir liegen gebliebene Lebensmittel finden, werden die sofort vernichtet. Das ist Vorschrift", sagt Micha vom Fundbüro. Na prima: Da würde ich ihr gerne helfen, wenn sie eine Erdbeertorte vernichtet. Aber bevor ich jetzt den Mann suche, der die Züge am Bahnhof ein- und ausfahren lässt, stell ich meinen Rucksack lieber ins Schließfach. Sicher ist sicher.

Auf dem Bahnsteig bleiben jede Menge Sachen liegen: Die Leute vergessen Schirme, Kameras, Handys, Gepäckstücke und vieles mehr. Was sich im Fundbüro so ansammelt und nicht abgeholt wird, geht nach einiger Zeit zur Versteigerung. Hier können Interessierte bieten und so ausgefallene Sachen für ganz wenig Geld bekommen.

Hier laufen alle Drähte zusammen

Auf dem richtigen Gleis

Auf der Suche nach dem Mann, der die Züge aus- und einfahren lässt, treffe ich Mike. Er ist Fahrdienstleiter und führt mich in ein großes Gebäude hinter dem Bahnhof. Das Büro ist im ersten Stock, Mike sagt „Leitwarte" dazu. Sie ist bestimmt so groß wie ein halbes Fußballfeld. Um uns herum jede Menge Männer und Frauen, die vor ihren Monitoren sitzen, telefonieren oder miteinander reden. „Hier ist mein Arbeitsplatz", Mike deutet auf einen großen Schreibtisch mit PC-Maus, Tastatur und sechs Monitoren. Darauf sind die Gleise als rote, grüne oder weiße Linien zu erkennen.

Aber kein einziger Hebel, wie ich sie aus dem Stellwerk in Nürnberg kenne! Und auch die Bahnhofsgleise sind durchs Fenster nicht mehr zu sehen. „He, Mike, Du willst mich doch nicht aufs Glatteis führen, oder?" „Nein, Willi. Das hier ist

WWW Im Jahr 2005 gab es 5.058 Stellwerke im Streckennetz der Deutschen Bahn – 640 davon sind bereits digital.

auch ein Stellwerk, nur eben ganz modern", stellt er klar und erzählt, dass hier in der sogenannten „Betriebszentrale" insgesamt 360 Kollegen arbeiten und den Zugverkehr im gesamten Südosten Deutschlands steuern:

vom Thüringer Wald bis an die polnische Grenze. Per Computer und Mausklick. Sechs von Mikes Kollegen sind für den Leipziger Hauptbahnhof verantwortlich. Die Kollegen am Nebentisch haben Dresden und Magdeburg voll im Blick.

Die Fluglotsen der Bahn

Während bei der herkömmlichen Technik jede Zugroute per Hand gestellt wurde, ist sie heute programmiert, erfahre ich. Wenn mein ICE nachher den Bahnhof verlässt, weiß der Rechner ganz genau, dass er für diesen Zug die Weichen nach Berlin und nicht nach München stellen muss. Der Befehl wird per Glasfaserkabel nach draußen übertragen.

2005 betrug die Länge der Gleise für alle Schienenfahrzeuge in Deutschland fast 65.000 Kilometer. Das ist länger als dreimal die Strecke von Deutschland nach Amerika und wieder zurück. Würde man alle Weichen und Kreuzungen zusammenzählen, ergäbe das die riesige Summe von 79.000 Stück!

Früher musste jede Zugroute mühsam vom Stellwerk aus per Hand gelegt werden. Heute ist alles programmiert und per Mausklick bedienbar.

„Aha, dann sind er und all die anderen hier so etwas wie die Fluglotsen der Bahn? Und die Leitwarte ist ihr Tower?", kombiniere ich. „Ganz genau, Willi!", bestätigt Mike. „Und der eine Teil der Mitarbeiter überwacht dabei die gesamte Strecke, die ein Zug durchs Land fährt, und regelt die Abfolge der Züge."

Jeder Fahrdienstleiter hat seine „eigenen" Bahnhöfe im Blick. „Das kannst du dir so vorstellen wie bei einem Strategiespiel am Computer", sagt der nette Fahrdienstleiter und zählt mal zusammen: Allein bei ihm in Leipzig kommen pro Tag um die 800 Züge an oder fahren ab. „Da muss man aber trotz

aller Technik mächtig aufpassen, dass man sich den Bahnhof nicht voll fährt", lacht Mike. Und natürlich dass alle pünktlich loskommen, denke ich mir. Hoppla, ich habe ja ganz die Zeit vergessen! Wenn ich mich jetzt nicht beeile, fährt mein Zug zwar nach Berlin – aber ohne mich.

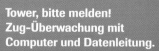

Tower, bitte melden! Zug-Überwachung mit Computer und Datenleitung.

Wo die Drähte zusammenlaufen

Im 24-Stunden-Betrieb überwachen 35 Mitarbeiter von Frankfurt am Main aus direkt alle ICE-, IC- und EC-Züge sowie wichtige Güter- und Sondertransporte. Auf acht Computerarbeitsplätzen werden täglich rund 2.300 Fernverkehrs- und Güterzüge auf ihrem gesamten Laufweg überwacht.

Mitarbeiter der Bahnhofsmission helfen Kindern, sicher in den Waggon zu kommen. Dabei passen sie auf, dass die Kinder den richtigen Bahnsteig finden und dort den richtigen Zug erwischen.

Kids on tour

Auf dem Weg zum Bahnsteig kommt mir eine lustige Truppe entgegen. Ein strohblonder Junge mit Sommersprossen, zwei kleine Mädchen in gelben Regencapes, dazu ein ganz in Blau gekleideter junger Mann. Anders als die Service-Mitarbeiter der Bahn trägt er ein Wappen mit einem roten Kreuz an der Brust. „Hallo, ich bin Willi – und wer seid ihr?" Der Junge schiebt seine großen Kopfhörer von den Ohren: „Ich heiße Philipp. Ich wohne mit meiner Mutter in Frankfurt, und jetzt besuch' ich meinen Papa in Leipzig. Die Zwillinge hier sind Hannah und Lu, die wollen zu ihren Großeltern. Unsere Eltern müssen arbeiten, und weil sie uns nicht allein mit der Bahn losschicken wollten, hat uns Lukas hierher begleitet. War echt cool mit ihm: Wir hatten ein eigenes Abteil nur für uns, Lukas hat einen Koffer voller Spiele dabei – und sogar einen Minidisc-Rekorder, mit dem wir uns gegenseitig aufgenommen haben. Willst du mal hören?"

Bruder auf Zeit

„Ist Lukas denn euer großer Bruder?", will ich wissen Da muss Lukas lachen und erzählt mir, dass er bei der Bahnhofmission arbeitet. Freitags und sonntags begleitet er allein reisende Jungen und Mädchen im Zug. „Anders als im Flugzeug kann auf einer Bahnreise eine Menge passieren. Kleine Passagiere könnten zum Beispiel am falschen Bahnhof aussteigen", erzählt der „große Bruder auf Zeit" und fügt hinzu: „Wenn ich oder ein Kollege dabei ist, müssen sich die Eltern von Philipp, Hannah und Lukas keine

So komfortabel wie in unseren Zügen ist es nicht überall auf der Welt: In Indien sind die Züge so voll, dass viele Reisende sich sogar auf dem Dach drängen. Da ist kein Platz zum Spielen – und gefährlich ist es auch. Hier ist ein völlig überfüllter Zug in einem Bahnhof bei der indischen Stadt Allahabad zu sehen.

Sorgen machen, wenn sie mal nicht mitfahren können."

Lukas und seine Kollegen von der Bahnhofsmission sind richtige Schutzengel, nicht nur für Kinder: Auf den Bahnhöfen helfen sie alten oder behinderten Menschen, sich zurechtzufinden – oder fassen einfach beim Umsteigen mit an. Egal, ob man sich krank fühlt, bestohlen wurde, sich verirrt hat und kein Telefongeld mehr hat: Die Männer und Frauen in Blau wissen einen Ausweg. „Tschüs Lukas! Toll, dass es euch gibt! Euch dreien viel Spaß in Leipzig! Ich muss jetzt weiter nach Berlin.", rufe ich.

Nächste Hilfe

Die Bahnhofsmissionen sind Einrichtungen der evangelischen und der katholischen Kirche. Es gibt sie schon seit über 100 Jahren; die allererste wurde 1894 in Berlin gegründet. Ihr Auftrag hat sich seither nicht verändert: Menschen, die unterwegs sind, Schutz und Hilfe zu bieten. Aber nicht nur Reisenden – sondern zum Beispiel auch Menschen, die kein Zuhause haben und auf der Straße leben. Heute gibt es in Deutschland fast 100 Bahnhofsmissionen mit rund 1.500 Mitarbeitern. Sie helfen jedem sofort – oft zu Uhrzeiten, an denen andere Hilfe nicht erreichbar ist.

Zeitreise

Ganz allein eine Fahrkarte kaufen und ohne die Eltern mit der Bahn zu verreisen, das war auch früher schon ein großes Abenteuer. Manchmal aber fand die Reise nicht ganz freiwillig statt: Anfang der 40er Jahre, als Krieg war, wurden Kinder überall in Europa aus den Städten aufs Land geschickt, um sie vor Bombenangriffen zu schützen.

Ganz schön bequem

Willi an Bord

Bloß gut, dass ich mir für das letzte Stück meiner Reise nach Berlin einen Platz reserviert habe. Sogar am Tisch! Hier im Großraumabteil ist ganz schön was los, kein Sitz mehr frei. Der Mann im Anzug gegenüber hat noch bei der Ausfahrt aus dem Leipziger Bahnhof sein Notebook aufgeklappt; sicher hat er viel zu arbeiten. Praktisch, wenn man das während der Fahrt machen kann! Oh, jetzt grinst er mich an: Ob er meine Gedanken lesen kann? Vielleicht probiert er ja nur sein neues Computerspiel aus und tut nur so beschäftigt?

Die zwei Jungs auf der anderen Seite schauen sich auf ihrem Notebook einen Film an. Scheint ja mächtig spannend zu sein, keinen Mucks sagen die. Dafür krieg ich die Musik, die das rothaarige Mädchen da vorn auf ihrem MP3-Player hört, bis hierher mit: Bum tschaka, bum, tschaka bum – bei den satten Bässen helfen auch die Kopfhörer nicht.

Die ältere Dame mit der Goldrandbrille, die ihr gegenübersitzt und lesen will, schaut schon ganz streng über den Zeitungsrand. Mein Notebook-Mann hat inzwischen sein Handy aufgeklappt. „Ja, Schatz, ich dich auch!", säuselt er und die Goldrandbrillen-Oma zwinkert mir zu. Schon witzig, so eine Zugfahrt: Man kann die anderen Fahrgäste beobachten und sich vorstellen, wo die alle noch hinwollen. Und wenn das zu langweilig wird, dann kann ich lesen, Musik hören, Landschaft gucken oder ein bisschen schlafen.

Hey, wer rollt denn hier vorbei? „Hallo, Willi, Kaffee, Tee oder heiße Schokolade gefällig? Das gibt's alles hier in meiner mobilen Snackbar. Und wenn du richtig Hunger hast – komm mit in den Speisewagen. Für dich haben wir bestimmt was Leckeres auf Lager!" Hmm – Essen auf Rädern? Warum nicht?

Wer sich im ICE einen Sitzplatz im Großraumwagen mit Tisch reserviert, hat's bequem. Hier können Reisende mit ihrem Computer arbeiten, Papiere durchsehen oder Zeitung lesen. Aber auch Essen und Trinken haben auf den Tischen genügend Platz.

Bahnreise ins Abenteuerland

Harry Potter fährt zur Zauberschule auf Schloss Hogwarts mit der Bahn. Der Hogwarts-Express mit seiner scharlachroten Dampflok ist natürlich keine gewöhnliche Eisenbahn: Am Bahnhof King's Cross in London fährt er vom Gleis neundreiviertel ab, das zwischen Gleis neun und zehn liegt und für Muggelaugen unsichtbar ist. Das Schild gibt es inzwischen wirklich und du kannst es sehen, wenn du mal in London bist.

Der 12-jährige Emil fährt zum ersten Mal allein mit dem Zug. Das Kuvert mit dem Geld, das ihm seine Mutter mitgibt, näht er sich sicherheitshalber am Jackenfutter fest. Allein mit einem Fremden im Abteil, das ist ihm nicht geheuer! Und siehe, als Emil einnickt, wird sein Geld gestohlen – und der Mann ist auch weg. In Erich Kästners wunderbarem Buch „Emil und die Detektive" kannst du nachlesen, wie Emil mit seinen Freunden den Dieb verfolgt.

Die Lokomotive Emma ist vermutlich die berühmteste Lok der Kinderliteratur. In Michael Endes Buch „Jim Knopf und Lukas der Lokomotivführer" besteht sie jede Menge Abenteuer. Verkleidet als Drache, sorgt sie dafür, dass Lukas und Jim die schreckliche Frau Mahlzahn besiegen können.

Der „Polarexpress" hat ungewöhnliche Passagiere an Bord: Im Zug tummeln sich Kinder in Schlafanzügen und sind ganz gespannt auf ihre Reise zum Nordpol. Denn dort treffen sie auf den wahrhaftigen Weihnachtsmann und seine Elfengehilfen.

Eine Bahnfahrt macht hungrig

Das ist wieder mal typisch! Im Speisewagen angekommen, kann ich mich nicht entscheiden: Eine Gulaschsuppe mit Brötchen? Oder doch lieber Räucherlachs mit Rührei? Obwohl mein Magen schon knurrt wie ein Wolf, möchte ich mal in eine richtige ICE-Küche linsen! „Hallo, ich bin Willi, ein hungriger Reporter. Aber bevor ich mein Essen bestelle, würde ich euch schrecklich gern mal in die Töpfe gucken. Darf ich?", frage ich einfach mal neugierig

den Mann hinter der Theke. „Dann komm rein, Willi. Hände gewaschen? Aber Vorsicht, bei uns ist es ziemlich eng!" Na ja, eine Spülmaschine hab ich auch zu Hause. Aber keine vier Kühlschränke! „Du bist also der Koch vom ICE?", frage ich den Mann mit der weißen Mütze. „Warum habt ihr so viele Kühlschränke dabei? Und wo ist deine Bratpfanne?", will ich wissen. „Wir nehmen die meisten unserer Gerichte schon vorbereitet mit an Bord", erklärt mir der Bahn-Koch. „Die kommen in die großen Kühlschränke hier. Die Bahn ist schneller geworden und wir im Bordrestaurant müssen auch fix

sein! Die Gerichte werden dann im Steamer gegart. Steam ist das englische Wort für Dampf – das Essen wird also mit Wasserdampf erhitzt. Einfache Sachen wie Suppen oder Frank-

Bei der Bahn gibt's auch eine extra Speisekarte für Kinder – mit allem, was lecker schmeckt: Würstchen und Kartoffelsalat, Nudeln mit Tomatensauce, Brathühnchen mit Ketchup und Brötchen.

furter Würstchen kommen in die Mikrowelle."

Kochen auf kleinstem Raum

Obwohl die ICE-Küche so klein ist, dass sich die beiden Männer vom Bordrestaurant nur mit Mühe aneinander vorbeizwängen können, gibt's hier richtig große Gerichte auf der

Das rollende Edelrestaurant: So elegant sieht der Speisewagen des südafrikanischen Hotelzuges „Rovos Rail" aus.

Mal fix was essen? Im Speisewagen des ICE, der hier schick „Bordrestaurant" heißt, gibt's Schweinebraten, Würstchen, Salate und eine Menge anderer Sachen, die satt machen.

Speisekarte – und auch eine eigene Karte für Kinder. Hmm, mal sehen: Ich esse zwar am allerliebsten Suppe, aber hier probier ich mal den Schweinebraten mit Bayrisch Kraut und Kartoffelknödeln! Hoffentlich ist das nicht gerade ausgegangen? „Keine Angst, Willi", beruhigt der Koch mich und meinen knurrenden Magen: „Wir haben zwar von jedem Gericht nur ungefähr 15 Portionen an Bord – aber wir können jederzeit anrufen und an größeren Bahnhöfen Nachschub einladen. Also: Genug Schweinebraten für zehn hungrige Willis!" Ein Glück! Wenig später balanciert der Kellner mein Tablett geschickt durch den Gang – bei Tempo 200! Jetzt muss ich nur noch aufpassen, dass mir in der nächsten Kurve kein Knödel vom Teller hopst.

Rollende Hotels

Der Orientexpress ist der bekannteste Luxuszug der Welt. Er fuhr 1883 erstmals von Paris über München, Wien und Budapest nach Konstantinopel, dem heutigen Istanbul. So eine Weltreise konnten sich nur sehr Reiche leisten. Oder Detektive: Berühmt wurde der Zug durch Agatha Christies Kriminalroman „Mord im Orientexpress". Heute verkehrt der Orientexpress nur noch als Nachtzug zwischen Paris und Wien.

Essen auf Rädern

Schon in der Frühzeit der Eisenbahn kam die Idee auf, den Reisenden mehr zu bieten als einen bequemen Sitzplatz. 1870 wurde auf der Schnellzugstrecke Berlin – Frankfurt/Main ein Personenwagen in einen Speisesalon umgebaut. Den Gepäckwagen verwandelte man in eine Küche, in der mehrere Köche ein ganzes Menü vorbereiteten. Erfolgreich wurde der Speisewagen erst mit dem Einsatz von D-Zügen. Der Buchstabe „D" stand für „Durchgangswagen": Konnten die Fahrgäste die frühen Personenwagen nur vom Bahnsteig aus betreten, war es nun möglich, während der Fahrt durch den Zug zum Speise- oder Schlafwagen zu laufen.

Ein Blick in die Eisenbahnwaschanlage: Mit riesigen Walzen wird der Zug eingeseift, geschrubbt und abgespült. Das verbraucht bis zu 25.000 Liter Wasser pro Waschgang. Das wird aber aufgefangen, gereinigt und noch mal verwendet.

Im Hauptwaschgang

Herrje, nach dem Essen bin ich doch glatt eingenickt – und jetzt bin ich auf einmal ganz allein im Abteil! Und was ist das – träum ich denn? Iiiigitt, die Fenster sind voller Seifenschaum und jetzt wird unser Zug auch noch von riesigen Bürsten in die Mangel genommen! „Hiiiilfeeee! Hallo, hört mich denn keiner?" Jetzt kommt jemand, in einem Arbeitsanzug. „Äh, Entschuldigung – kannst du mir sagen, wo ich hier

gelandet bin? Ich komm mir vor wie eine Socke im Hauptwaschgang! Und wo sind die ganzen Leute, die mit mir nach Berlin gefahren sind? Ich bin übrigens Willi." – „Tja Willi, du hast wahrscheinlich so fest geschlafen, dass du am Hauptbahnhof das Aussteigen verpasst hast und als blinder Passagier zu uns in die ICE-Triebzuganlage weitergefahren bist", vermutet Jürgen und jetzt dämmert's mir:

Das hier ist so eine Art Garage für die ICEs! „Stimmt, hier bei uns werden die Züge regelmäßig gewartet", sagt Jürgen und erklärt mir alles ganz genau: „Also, nicht nur ordentlich sauber gemacht, sondern auch gründlich durchgecheckt, ob

Ein Güterzug transportiert Waren aller Art: vollgepackte Container, Autos, Rohre, Betonteile und alles, was auch Lastwagen so laden. Ein Zug darf bis zu 700 Meter lang sein und ist meistens zwischen 90 und 120 km/h schnell.

Die ICE-Triebzuganlage in Berlin-Rummelsburg ist wie ein „Heimathafen" für alle neuen ICE-Züge. 290 Elektriker, Elektroniker, Schlosser, Ingenieure und andere Kollegen kümmern sich darum, dass die Züge wieder funktionieren. Dazu kommen noch 230 Mitarbeiter, die dafür sorgen, dass die Züge blitzblank sind und mit genug Proviant wieder auf die Strecke gehen. Die meiste Arbeit fällt nachts zwischen 1 und 4 Uhr an, weil da kaum ICEs unterwegs sein müssen.

noch alles funktioniert – so wie du beim Zahnarzt – nur viel öfter! Wenn du schon mal hier bist, Willi, dann zeig ich dir unser Werk. Na, los, komm mit."

25.000 Liter pro Waschgang

Ein ICE muss mindestens alle zwei Tage durch die Außenreinigungsanlage. Sie funktioniert genauso wie eine Autowaschanlage und verbraucht pro Waschgang 25.000 Liter Wasser. Ganz schön viel!

Aber Jürgen beruhigt mich: Der größte Teil davon wird aufgefangen und wiederverwendet. Auf den Gleisen nebenan werden die Züge auch innen gereinigt. Als wir weitergehen, fällt mir Jürgens Fahrrad mit den zwei Gepäckkörbchen auf. Das sieht ja aus wie das von meiner Postfrau! Wozu er das wohl braucht?

Auch das erklärt er mir: „Unser Gelände ist drei Kilometer lang, die Triebzughalle über 250 Meter. Wenn ich da mit Werkzeug und Laptop unterwegs bin, ist so ein Rad schon praktisch. Los, setz dich hinten in den Korb, wir fahren rüber zur Halle. Du wirst Augen machen!"

Schlaue Züge

Bereits während der Fahrt erkennt die Bordtechnik des Zuges auftretende Mängel – egal, ob es sich um eine verstopfte Toilette oder ein fehlerhaftes Bremssystem an einem Wagen handelt. Eine Stunde bevor der Zug das Werk erreicht, werden diese Daten per Computer nach Rummelsburg übertragen. So kann der Disponent alles vorbereiten – und die Reparatur ist schneller erledigt.

Wie rund ist ein Rad?

Bevor der ICE in die Werkshalle einfährt, rollt er mit 10 km/h über die Radsatz-Diagnoseanlage. Klingt fast wie beim Arzt – hier wird automatisch, per Ultraschall, gemessen, ob die Räder tatsächlich richtig rund sind und ob das Spurmaß, der Abstand zwischen ihnen, noch stimmt. Auf den Zehntel-Millimeter genau! Mit bloßem Auge sieht man das nicht. Damit kein Unfall passiert, werden die Radsätze regelmäßig vermessen – und, wenn nötig, erneuert.

Mit einem Ultraschallmessgerät können unsichtbare Risse erkannt werden. Die Schallwellen „hören" in das Rad hinein und geben ein Echo-Signal ab. An den kaputten Stellen ist das Echo anders.

Boxenstopp

Durch ein Tor kommen wir in die Triebzughalle – so nennen die Bahn-Mitarbeiter den riesigen Raum. Mann, ist die groß! Fünf ICE-Züge – jeder über 200 Meter lang – passen hier nebeneinander rein. „So ein Zug ist ziemlich teuer, kannst du dir ja denken, Willi, und wir wollen ihn nicht zu lange in der Halle stehen lassen", erklärt mir Jürgen. Aha, wenn die Züge stehen, können sie ja keine Passagiere transportieren – und die Bahn kann auch kein Geld verdienen. Und ein Zug, so erfahre ich, muss seine Kosten „einfahren" – so heißt das in der Fachsprache.

„Deswegen haben wir hier im ICE-Werk drei Arbeitsebenen, auf denen die Züge gleichzeitig kontrolliert, gereinigt und wieder beladen werden. Wenn alles wie am Schnürchen klappt, ist der Zug nach ungefähr einer Stunde wieder fahrbereit."

Jürgens Kollegen sind wirklich ganz schön am Arbeiten: Da die Gleise höher liegen als der Hallenboden, können sie unter dem Zug entlanglaufen und nach den Rädern und Bremsbelägen sehen. Zugleich saugen andere Kollegen die Toilettenbehälter ab und füllen frisches Wasser nach. Frisches Toilettenpapier natürlich auch – und Speisen und Getränke fürs Bordrestaurant. Und dann gibt es noch eine Arbeitsbühne, die wie eine Schwebebahn am Dach der Züge entlangfahren kann.

Dem ICE ins Maul geschaut

Große Inspektion: Der ICE wird, wie hier im Ausbesserungswerk Berlin, regelmäßig geprüft. Alle 4.000 Kilometer gibt's einen 90-Minuten-Check. Nach vielen weiteren Wartungen steht einmal im Jahr die große Inspektion an. Hier wird der ganze Zug von vorne bis hinten untersucht.

So kommt man prima an die Stromabnehmer ran.

Alle wissen genau, was sie zu tun haben – fast wie beim Boxenstopp in der Formel 1. „Ja, Willi, wir arbeiten hier als eingespieltes Team zusammen – das geht bei uns richtig zügig", bestätigt Jürgen und erzählt: „Unser Dirigent ist der Chef in der Zentrale. Der bestimmt, wo so ein Zug hin soll und wie viele Handwerker und Ingenieure jeweils gebraucht werden. Und er passt auf, dass jeder Zug pünktlich das Werk verlässt. Der hier ist jetzt für den nächsten Einsatz bereit. Wenn du magst, bringt der dich zum Hauptbahnhof. Ausnahmsweise. Eine Sonderfahrt für unseren Reporter!" – Prima, da komm ich ja doch noch ans Ziel. „Mach's gut, Jürgen. Du hast sicher noch jede Menge zu tun. Danke für deine Geduld!"

Sicher ist sicher

Ein zentraler Computer registriert alle Arbeitsschritte: Jeder Elektriker oder Schlosser, der am Zug zu tun hat, muss sich mit einer kleinen Chipkarte anmelden. Bevor sich jeder nicht wieder abgemeldet hat, kann der Zug die Halle nicht verlassen. Für Reparaturen auf dem Zugdach braucht man einen Spezialschlüssel. Mit dem wird die 15.000 Volt-Spannung in der Oberleitung automatisch ausgeschaltet.

85.000 Tonnen Stahl und eine halbe Million Kubikmeter Beton wurden für den Berliner Hauptbahnhof verarbeitet.

Unterwegs in die Zukunft

In schwungvollem Bogen nähert sich mein Zug dem Berliner Hauptbahnhof. Drüben, hinterm Fluss, das große Reichstagsgebäude mit der Glaskuppel kennt jeder aus dem Fernsehen: Da tagt der Bundestag.

Der Hauptbahnhof selbst ist unglaublich groß: fünf Stockwerke übereinander und über allem noch zwei gewaltige Bürohäuser. Fast wie ein Riesenraumschiff, das aus einem Science-Fiction-Film mitten in Berlin gelandet ist! Ich komme hoch über den Straßen auf den Stadtbahngleisen an. Die verlaufen in Ost-West-Richtung und führen direkt durchs Zentrum. Wenn ich zurück nach München will, muss ich von ganz oben nach ganz unten: Dort, 15 Meter unter der Erde, so tief wie

sonst die U-Bahn, verlaufen die Gleise für den Nord-Süd-Fernverkehr. Der größte und modernste Kreuzungsbahnhof

WWW Der Berliner Hauptbahnhof ist der größte Kreuzungsbahnhof in Europa. Bis zum Jahr 2010 rechnet die Bahn mit 19 Millionen Fahrgästen.

Europas ist das hier, hat mir Jürgen aus der ICE-Werkstatt erzählt. Tausende Menschen strömen durch die gläserne Hallenkuppel des Berliner Bahnhofs, fahren auf Rolltreppen hoch und runter oder nehmen einen der vielen gläsernen Aufzüge. Wenn's so weitergeht mit der Entwicklung, wird man noch Züge erfinden, die mit Überschallgeschwindigkeit fahren. Und außerdem Raketenstartplätze auf den Bahn-

höfen bauen. Stell dir mal so eine Durchsage vor: „Achtung, die Zugreisenden aus München, ihr Anschlussflug zum Mars geht heute von Startrampe drei!" Na, meine Reise war jedenfalls ein ziemlich spannendes Abenteuer: Ich hätte nie gedacht, wie viele Menschen es braucht, um mich sicher ans Ziel zu bringen! Loks fahren und reparieren, Fahrpläne schreiben, Fahrkarten verkaufen und kontrollieren, Signale und Weichen per Mausklick stellen – und dann auch noch geduldig antworten, wenn so einer wie ich alles ganz genau wissen will! Na, genug gefahren. Ich schau mir jetzt erst mal Berlin an. Ganz in Ruhe. Und zu Fuß! Und was ich mache, wenn ich morgen wieder zu Hause bin, weiß ich auch schon: eine Modelleisenbahn kaufen!

Der intergalaktische Mars Express

Willis kleines Eisenbahn-ABC

Der Bahnhof ist eine Anlage für den Zugang zur Eisenbahn im Personen- und Güterverkehr. In so genannten Personenbahnhöfen können Reisende ein- und aussteigen; in Güterbahnhöfen werden Güterwagen be- und entladen.

DB ist die Abkürzung für „Deutsche Bahn AG".

ICE ist die Abkürzung für „IntercityExpress". ICE-Züge sind Hochgeschwindigkeitszüge, die vor allem auf den Neubaustrecken der Deutschen Bahn eingesetzt werden.

Der Fahrplan verrät Ankunfts- und Abfahrtszeiten der Züge.

Fahrdienstleiter, die „Fluglotsen" der Bahn, regeln die Zugfolge und erledigen alle damit zusammenhängenden Aufgaben. Sie arbeiten im Stellwerk oder in einer der großen Betriebszentralen der Bahn.

LZB heißt „Lineare Zugbeeinflussung" – bei Zügen, die schneller als 160 km/h fahren, überwacht sie den Fahrtverlauf auf der gesamten Strecke. Außerdem werden wichtige Informationen wie die zulässige Höchstgeschwindigkeit oder die Entfernung zu einem vorausfahrenden Zug auf den Anzeigen des Führerstands angezeigt.

Die SIFA („Sicherheitsfahrschaltung") verhindert, dass ein Zug führerlos weiterfährt, wenn ein Lokführer ohnmächtig wird. Während der gesamten Fahrt muss der Lokführer einen Fuß- oder Handschalter alle 30 Sekunden loslassen und sofort wieder

drücken. Geschieht dies nicht, bremst der Zug automatisch.

Signale nennt man die Zeichen, die entlang der Bahnstrecke den Eisenbahnverkehr regeln.

Vom Stellwerk aus werden Weichen und Signale gestellt und aufeinander abgestimmt, damit der Zugverkehr reibungslos klappt.

Weichen nennt man eine Konstruktion an Schienen, die es Zügen ermöglicht, von einem Gleis in ein anderes zu wechseln. Sicher kennst du sie auch von der Modelleisenbahn.

Zum Zugpersonal gehören diejenigen Mitarbeiter eines Eisenbahnunternehmens, die während der Fahrt an Bord des Zuges mitfahren – also Triebfahrzeugführer (Lokführer) und Zugbegleiter. Zu den Zugbegleitern gehören Zugführer und Zugschaffner, die in den Fernzügen der Deutschen Bahn Zugchef und Zugbetreuer genannt werden.